BEI GRIN MACHT SICH IHR WISSEN BEZAHLT

- Wir veröffentlichen Ihre Hausarbeit, Bachelor- und Masterarbeit

- Ihr eigenes eBook und Buch - weltweit in allen wichtigen Shops

- Verdienen Sie an jedem Verkauf

Jetzt bei www.GRIN.com hochladen und kostenlos publizieren

Bibliografische Information der Deutschen Nationalbibliothek:

Die Deutsche Bibliothek verzeichnet diese Publikation in der Deutschen Nationalbibliografie; detaillierte bibliografische Daten sind im Internet über http://dnb.d-nb.de/ abrufbar.

Dieses Werk sowie alle darin enthaltenen einzelnen Beiträge und Abbildungen sind urheberrechtlich geschützt. Jede Verwertung, die nicht ausdrücklich vom Urheberrechtsschutz zugelassen ist, bedarf der vorherigen Zustimmung des Verlages. Das gilt insbesondere für Vervielfältigungen, Bearbeitungen, Übersetzungen, Mikroverfilmungen, Auswertungen durch Datenbanken und für die Einspeicherung und Verarbeitung in elektronische Systeme. Alle Rechte, auch die des auszugsweisen Nachdrucks, der fotomechanischen Wiedergabe (einschließlich Mikrokopie) sowie der Auswertung durch Datenbanken oder ähnliche Einrichtungen, vorbehalten.

Impressum:

Copyright © 2012 GRIN Verlag, Open Publishing GmbH
Druck und Bindung: Books on Demand GmbH, Norderstedt Germany
ISBN: 978-3-656-38021-4

Dieses Buch bei GRIN:

http://www.grin.com/de/e-book/210273/elementarisierung-als-prinzip-der-unterrichtsvorbereitung-am-beispiel

Anonym

Elementarisierung als Prinzip der Unterrichtsvorbereitung. Am Beispiel des Gleichnisses vom verlorenen Sohn (Lk 15,11-32)

GRIN Verlag

GRIN - Your knowledge has value

Der GRIN Verlag publiziert seit 1998 wissenschaftliche Arbeiten von Studenten, Hochschullehrern und anderen Akademikern als eBook und gedrucktes Buch. Die Verlagswebsite www.grin.com ist die ideale Plattform zur Veröffentlichung von Hausarbeiten, Abschlussarbeiten, wissenschaftlichen Aufsätzen, Dissertationen und Fachbüchern.

Besuchen Sie uns im Internet:

http://www.grin.com/

http://www.facebook.com/grincom

http://www.twitter.com/grin_com

Elementarisierung als Prinzip der Unterrichtsvorbereitung

- am Beispiel des Gleichnisses vom verlorenen Sohn (Lk 15,11-32)

Inhaltsverzeichnis

1) Einleitung 2

2) Das Elementarisierungsmodell 3

   2.1.a) Elementare Strukturen – „Der Sache Kern" 3

   2.1.b) Elementare Strukturen am Beispiel Lk 15,11-32 3

   2.2.a) Elementare Erfahrungen – „Vom Sitz im Leben" 4

   2.2.b) Elementare Erfahrung am Beispiel Lk 15,11-32 5

   2.3.a) Elementare Zugänge – „Mit den Augen der Kinder und Jugendlichen" 6

   2.3.b) Elementare Zugänge am Beispiel Lk 15,11-32 7

   2.4.a) Elementare Lehr und Lernformen – „Aktives Lernen und Erfahren" 7

   2.4.b) Elementare Lehr und Lernformen am Beispiel Lk 15, 11-32 8

      2.5.a) Elementare Wahrheiten – „Worauf es letztlich ankommt" 9

      2.5.b) Elementare Wahrheiten am Beispiel Lk 15,11-32 9

3) Zusammenfassung 11

4) Literaturverzeichnis 12

1) Einleitung

Eine der wichtigsten Aufgaben im Lehrerberuf ist das Vorbereiten von Unterricht. Ein/e Religionslehrer/in sollte laut Schweitzer, den „Religionsunterricht so gestalte[n] […], dass er eine >fruchtbare<, authentische und lebensbezogene Begegnung zwischen den Inhalten oder Themen einerseits und den Kindern und Jugendlichen andererseits ermöglichen kann."[1]

Doch wie kann es zu einer solchen Begegnung kommen? Ende der 1970er- Jahre entwickelte Karl Ernst Nipkow zur Beantwortung dieser Frage, das sogenannte Tübinger Modell der Elementarisierung, als Prinzip der Unterrichtsvorbereitung.[2] Mit diesem Modell erweiterte er das Korrelationsmodell[3], indem er die religiösen Inhalte in elementare Strukturen und elementare Wahrheiten unterteilte, sowie auf Seiten der SchülerInnen zwischen elementaren Zugängen und elementaren Erfahrungen unterschied.[4] Friedrich Schweitzer fügte diesen vier Dimensionen, bzw. Fragerichtungen noch die Dimension der elementaren Formen des Lernens hinzu.[5]

Im Folgenden sollen in den Kapiteln 2.1. bis 2.5. die einzelnen Fragerichtungen der Elementarisierung, als Prinzip der Unterrichtsvorbereitung genauer betrachtet werden. Dazu wird jede Dimension nochmals in zwei Teile untergliedert. Zunächst unter a) wird die jeweilige Stufe knapp vorgestellt und danach unter b) anhand des Beispiels des Gleichnisses vom verlorenen Sohn (Lk 15, 11-32)[6] erläutert. Dabei ist zu beachten, dass diese fünf Dimensionen nicht unabhängig voneinander sind, sondern sich gegenseitig bedingen und ineinanderfließen.[7] Außerdem muss man sich bei der Unterrichtsvorbereitung nicht an die vorgestellte Reihenfolge halten.[8]

---

[1] Schweitzer, Elementarisierung- ein religionsdidaktischer Ansatz, S. 11.
[2] Vgl. Nipkow, Elementarisierung, S. 451.
[3] Beim Korrelationsmodell werden die christliche Überlieferung und die gegenwärtige Lebenswelt der Menschen als Dialogpartner gesehen. Tradition und Lebenserfahrung sollen in eine Wechselbeziehung zueinander treten. So sollen durch die Glaubensüberlieferungen neue Lebenserfahrungen ermöglicht werden und durch die aktuellen Erfahrungen die Tradition neu befragt werden. Vgl. Hilger, Korrelationsdidaktik, Sp. 1106f.
[4] Vgl. Riegel, Religionsunterricht, S. 38.
[5] Vgl. Nipkow, Pädagogik, S. 328.
[6] Das Prinzip der Elementarisierung kann auf jedes beliebige, im Lehrplan vorhandene Thema angewendet werden, nicht nur auf die biblischen. So könnte man es beispielsweise auch auf das Thema Globalisierung beziehen. Vgl. Schweitzer, Elementarisierung- ein religionsdidaktischer Ansatz, S. 15.
[7] Vgl. Ebd., S. 14.
[8] Die Reihenfolge der Unterrichtsvorbereitung hängt zum Beispiel davon ab, „ob im Lehrplan ein Text oder Thema vorgegeben ist." Nipkow, Elementarisierung, S. 453.

2) Das Elementarisierungsmodell

2.1.a) Elementare Strukturen – „Der Sache Kern"[9]

Als elementare Strukturen werden die „*konstitutiven* und *charakteristischen* Grundelemente eines Sachverhaltes (Text, Thema)"[10] angesehen. Es geht also in diesem Schritt der Unterrichtsvorbereitung darum, aus dem potentiell Lehrbaren das herauszufiltern, was im Unterricht vorkommen soll.

Allerdings darf durch diese didaktische Reduktion das nicht Wesentliche verloren gehen[11] und das Dargestellte muss fachlich korrekt und in sich schlüssig sein.[12] Genauso sollte man bei der Auswahl elementarer Strukturen die Entwicklung und die Lebenslage[13] der Schüler im Blick haben. Außerdem sollte versucht werden die Inhalte der Unterrichtsstunde so zu wählen, dass sie möglichst exemplarisch sind.

Um das alles zu gewährleisten, ist die fachwissenschaftliche Analyse des Stundenthemas unumgänglich. Dabei darf nicht nur auf die Theologie zurückgegriffen werden. Bestimmte Themen machen es erforderlich mit den Erkenntnissen anderer Wissenschaften zu arbeiten. So sind zum Beispiel für das Thema „Identität", soziologische und psychologischer Erkenntnisse und für das Thema „Schöpfung", ökonomische, ökologische und naturwissenschaftliche Erkenntnisse relevant.[14]

2.1.b) Elementare Strukturen am Beispiel Lk 15,11-32

Wendet man die Dimension der elementaren Strukturen auf das Gleichnis vom verlorenen Sohn an, stellt sich die Frage ob man es nicht besser das „Gleichnis vom gütigen Vater"[15] nennen sollte, da dies die eigentliche Quintessenz der Perikope sei, oder gar „Das Gleichnis von den zwei Brüdern (dem verlorenen und dem daheimgebliebenen Sohn) und dem gütigen Vater"[16].

---

[9] Schweitzer, Elementarisierung - ein religionsdidaktischer Ansatz, S. 15.
[10] Vgl. Nipkow, Elementarisierung als Kern der Unterrichtsvorbereitung, S. 601.
[11] Vgl. Schweitzer, Elementarisierung- ein religionsdidaktischer Ansatz, S. 15f.
[12] Vgl. Riegel, Religionsunterricht, S. 40.
[13] Hier zeigt sich deutlich das Ineinanderfließen der einzelnen Dimensionen. Beide Aspekte werden noch einmal in den Kapiteln 2b und 2c ausführlich behandelt.
[14] Vgl. Riegel, Religionsunterricht, S. 43.
[15] Ratzinger, Jesus, S. 242.
[16] Ebd., S. 242.

Am Ende einer Unterrichtseinheit über dieses Gleichnis sollte feststehen, dass der Vater in diesem Gleichnis stellvertretend für Gott steht[17], der den Menschen die Freiheit lässt[18], der Mitleid mit den Menschen hat, und ihnen die schlimmsten Fehler vergibt, wenn sie diese bereuen[19], der also ein gütiger und barmherziger Gott ist.[20]

Außerdem sollte den Schülern bewusst werden, dass das Schweinehüten als Symbol für die Verelendung des Menschen steht und die Entfernung von Gott, da diese für Juden unreine Tiere sind.[21]

Eine weitere elementare Struktur ist in der Person des neidischen, älteren Bruders zu finden, den der Vater bittet, die menschliche Gerechtigkeit aufzugeben und mitzufeiern.[22]

2.2.a) Elementare Erfahrungen – *„Vom Sitz im Leben"*[23]

Diese Dimension der Unterrichtsvorbereitung beschäftigt sich mit dem alltäglichen Erfahrungszusammenhang, den die SchülerInnen in den Unterricht mitbringen,[24] quasi deren Lebenswelt, „ihren Alltag und die in ihm gültigen Lebensmaximen"[25], das was für sie „normal" ist.

Es geht zum Einen darum herauszufinden, welche Vorstellungen die Schülerinnen mit dem Unterrichtsthema assoziieren,[26] und zum Anderen darum den SchülerInnen neue und andere Erfahrungen zu ermöglichen.[27]

Dabei ist zu beachten, dass heutzutage nur noch wenige Schüler aus christlichem Umfeld stammen und daher auch die kirchlichen Moralvorstellungen in ihrem Alltag eine untergeordnete Rolle spielen. Außerdem hat sich die Art Wissen zu erwerben geändert. So griff man früher eher auf Traditionen zurück, während heute eher die eigenen Erfahrungen zählen.[28]

---

[17] Vgl. Schweitzer, Elementarisierung- ein religionsdidaktischer Ansatz, S. 18.
[18] So lässt er den jüngeren Sohn auf dessen Wunsch hin ziehen, statt ihn aufzuhalten und lässt ihm alle Freiheiten über seinen Erbanteil zu entscheiden. Vgl. Ratzinger, Jesus, S. 243.
[19] Vgl. Ebd., S. 247.
[20] Vgl. Ebd., Jesus S. 249.
[21] Vgl. Ebd., Jesus S. 244.
[22] Vgl. Schweitzer, Elementarisierung- ein religionsdidaktischer Ansatz, S. 18.
[23] Ebd., S. 19.
[24] Vgl. Bahr, Elementarisierung, S. 503.
[25] Riegel, Religionsunterricht, S. 78.
[26] Vgl. Ebd., S. 80.
[27] Vgl. Bahr, Elementarisierung, S. 503.
[28] Vgl. Riegel, Religionsunterricht, S. 78f.

Einen Vorschlag die heutige Gesellschaft nach religiösen Aspekten zu strukturieren bieten Zieberts, Kalbheim und Riegel. Sie unterteilen die Religiosität Jugendlicher in fünf Typen. Den kirchlich-christlichen, den christlich autonomen, den konventionell-religiösen, den autonom-religiösen und den nicht religiösen Typus.[29]

Neben direkt erkennbar religiösen Themen werden aber auch eher alltagspraktische Themen[30] im Religionsunterricht behandelt. Hier bietet es sich an, die SchülerInnen unter Berücksichtigung ihrer unterschiedlichen Milieuzugehörigkeit[31] zu betrachten.[32]

2.2.b) Elementare Erfahrung am Beispiel Lk 15,11-32

Die Erfahrungen, die die SchülerInnen zu diesem Gleichnis assoziieren werden größtenteils mit: sich loslösen, scheitern, Schuld, sich alleine fühlen, Vergebung, Liebe, feiern, verletztem Gerechtigkeitsempfinden[33], Eifersucht und sich benachteiligt fühlen, zu tun haben. Dabei werden sie wahrscheinlich ganz konkret an ihre Beziehungen zu Eltern und Geschwistern erinnert.

Schweitzer merkt zudem an, dass die Frage nach den elementaren Erfahrungen mehrfach und mit historischem Kontext zu stellen ist. So sind die Adressaten dieses Gleichnisses Menschen mit unterschiedlichen Erfahrungen. Das reicht von Menschen, die unmittelbaren Kontakt zu Jesus hatten über die Anfänge der Kirche bis hin zu unserer Gegenwart. Dementsprechend ist zum Beispiel, das „Erbarmen eines machtvollen Patriarchen in biblischer Zeit […] etwas anderes als das Entgegenkommen der von vornherein als fehlbar angesehenen modernen Väter"[34].

---

[29] Da eine genauere Beschreibung der fünf Typen den Rahmen diese Hausarbeit sprengen würde, sei auf Zieberts, Kalbheim, Riegel, Signaturen, S. 381-407 verwiesen. Dort werden diese genauer beschrieben.
[30] Bei solchen Themen ist den SchülerInnen der Bezug zum Thema Religion mitunter nicht direkt bewusst. Beispiel für solche Themen wären die Identität, das Zusammenleben oder der Umgang mit der Natur. Vgl. Riegel, Religionsunterricht, S. 85.
[31] Milieus ordnen Menschen in bestimmte Gruppen, die sich in ihrer Lebensauffassung und Lebensweise ähneln. In einem Milieu herrschen ähnliche Wertorientierungen und „Alltagseinstellungen- zur Arbeit, zur Familie […] zu Geld und Konsum." Wippermann, Jugendliche, S. 9.
[32] Eine Beschreibung der Milieus würde den Rahmen diese Hausarbeit sprengen, deshalb sei hier auf Carsten Wippermann verwiesen, der in seiner Sinus Milieustudie eine genaue Analyse unterschiedlicher Jugendmilieus anbietet. Die für das Gymnasium relevanten Milieuzugehörigkeiten finden sich in Wippermann, Jugendliche, S. 113-376.
[33] Vgl. Riegger, Planung, S. 24.
[34] Schweitzer, Elementarisierung - ein religionsdidaktischer Ansatz, S. 20.

2.3.a) Elementare Zugänge – „Mit den Augen der Kinder und Jugendlichen"[35]

Dieser Schritt der Unterrichtsvorbereitung bedenkt die Entwicklungsvoraussetzungen der SchülerInnen[36], beziehungsweise „die Art und Weise, wie Kinder und Jugendliche die Welt konstruieren"[37] und mit dem Unterrichtsthema umgehen.

Hierbei spielen neben den kognitiven und sozialen Fähigkeiten, auch der Stand der religiösen Entwicklung und das moralische Urteilsvermögen eine Rolle.[38]

Um sich dem Stand der religiösen Entwicklung bewusst zu werden, bieten sich sowohl das siebenstufige Modell religiöser Entwicklung von James Fowler[39], als auch die fünf Entwicklungsstufen religiösen Urteils von Fritz Oser und Paul Gmünder an.[40]

Das moralische Urteilsvermögen wird von Lawrence Kohlberg in drei Ebenen, mit je zwei Unterstufen eingeteilt. Die erste Ebene, die „vor-konventionelle" ist durch die eigene Person und persönliche Bedürfnisse gekennzeichnet. Auf der zweiten Ebene, der „konventionellen" spielen das soziale Umfeld und konkrete Regeln eine Rolle und die dritte Ebene, die „autonome" ist durch allgemeine Prinzipien, bei denen man die gesamte Menschheit im Blick hat, geprägt.[41]

Die Beachtung der elementaren Zugänge zielt darauf, sowohl eine Überforderung als auch eine Unterforderung der SchülerInnen zu vermeiden. So müssen die Zugangsweisen der SchülerInnen respektiert werden, gleichzeitig müssen diese aber auch zu weiteren Entwicklungsschritten angereizt werden.[42] Die Stufenmodelle helfen dabei, einerseits herauszufinden was jetzt/heute und andererseits was demnächst/morgen angemessen ist. Bei Verwendung der Stufenmodelle ist allerdings auch zu bedenken, dass sich Menschen nicht in „deterministische Schemata pressen"[43] lassen.

---

[35] Schweitzer, Elementarisierung - ein religionsdidaktischer Ansatz, S. 21.
[36] Vgl. Bahr, Elementarisierung, S. 504.
[37] Schweitzer, Elementarisierung und Kompetenz, S. 27.
[38] Vgl. Riegel, Religionsunterricht, S. 56f.
[39] Fowler und Gmünder unterscheiden sieben Stufen des Glaubens. Auch hier würde eine genauere Darstellung der einzelnen Stufen den Rahmen dieser Hausarbeit sprengen. Nachzulesen sind die einzelnen Stufen in Fowler, Stufen, S. 136-229.
[40] Vgl. Riegel, Religionsunterricht, S. 59-63.
[41] Vgl. Ebd., S. 65ff.
[42] Vgl. Schweitzer, Elementarisierung - ein religionsdidaktischer Ansatz, S. 25.
[43] Riegel, Religionsunterricht, S. 72.

2.3.b) Elementare Zugänge am Beispiel Lk 15,11-32

Im Folgenden wird davon ausgegangen, dass bei der Frage nach der religiösen Entwicklung für die Vorbereitung des Unterrichts am Gymnasium die Stufen 3 und 4 von Fowler und Oser relevant sind.[44]

Das bedeutet dass die Schüler das Gleichnis nicht wörtlich verstehen, womit man noch in der Grundschule rechnen muss[45], sondern es „ spontan und konsistent gattungsgemäß interpretieren können, da [...] die Parabel spontan auf Gott bezogen wird"[46] und auch die menschlich-psychologischen Zusammenhänge, in denen der verlorenen Sohn steckte, für die SchülerInnen nachvollziehbar sind.

Zudem ist davon auszugehen, dass die SchülerInnen sich auf Ebene zwei des Modells von Kohlberg[47] befinden. Sie demnach das Verhalten des jüngeren Sohnes als unmoralisch bewerten und die Barmherzigkeit des Vaters eventuell nicht verstehen und als Ungerechtigkeit gegenüber dem älteren Sohn empfinden, mit dem sie sich wahrscheinlich solidarisieren.

2.4.a) Elementare Lehr und Lernformen –„Aktives[48] Lernen und Erfahren"[49]

Dieser Schritt dient dazu die angemessenen Methoden und Medien für den Unterricht herauszufiltern. Dabei ist es wichtig die Methoden sowohl abhängig vom Unterrichtsthema, als auch abhängig von den Schülern und SchülerInnen zu wählen.[50]

Ist zum Beispiel ein biblischer Text das Hauptthema der Stunde, geht es darum offene Methoden, wie beispielsweise Formen des kreativen Schreibens oder des sich Identifizierens mit biblischen Personen zu wählen, um die Bedeutung der biblischen Botschaft für jeden persönlich erfahrbar zu machen.[51] Wird hingegen ein Sachthema bearbeitet, wie zum Beispiel die fünf Säulen des Islam, kommt es auf eine Sicherung der Sachinhalte an. Hier eignen sich Lernwege, wie das

---

[44] Eine genaue Zuteilung der Altersgruppen zu den jeweiligen Stufen ist unmöglich. In der Literatur wird davon ausgegangen,, dass in der Sekundarstufe I vor allem die Stufe 3 und in der Sekundarstufe II vor allem die Stufe 4 von Bedeutung ist. Vgl. Riegel, Religionsunterricht, S. 73.
[45] Vgl. Schweitzer, Elementarisierung- ein religionsdidaktischer Ansatz, S. 22.
[46] Riegger, Planung, S. 24.
[47] Vgl. Riegel, Religionsunterricht, S. 73.
[48] Das „Aktives" darf nicht so verstanden werden, dass kontemplative Lernformen ausgeschlossen werden. Vgl. Schweitzer, Elementarisierung - ein religionsdidaktischer Ansatz, S. 26.
[49] Ebd., S. 24.
[50] Vgl. Bahr, Elementarisierung, S. 504f.
[51] Vgl. Ebd., S. 505.

Zusammenfassen, Ausfüllen von Lückentexten, oder auch das Treffen eines Vertreters des Islams.[52]

Bei der Auswahl der Methoden ist zudem zu beachten, dass Methoden wie das Nachspielen einer Perikope oder das selbständige Verfassen eines Gebetes, bei jüngeren SchülerInnen meist mit Begeisterung aufgenommen werden, während bei älteren SchülerInnen eher „die Sorge um Blamage und religiöses Outing dominiert"[53]. Außerdem finden es Kinder und Jugendliche immer sehr interessant, wenn ReligionslehrerInnen über ihren persönlichen Glauben berichten.[54]

2.4.b) Elementare Lehr und Lernformen am Beispiel Lk 15, 11-32

Da es sich bei diesem Beispiel um eine biblische Perikope handelt, ist es angemessen offene Methoden zu wählen, um den Kindern und Jugendlichen den Zugang zu dem Gleichnis zu ermöglichen.

So könnte man sie das Gleichnis nachspielen lassen[55], oder den Ausgang offen lassen und SchülerInnen ein Ende erfinden lassen. Genauso könnte man sie sich auch ein alternatives Ende ausdenken lassen.

Ebenso bietet es sich an, den Zugang über Bilder zu wählen, da den meisten SchülerInnen dieses Gleichnis bekannt ist. Man könnte Bilder verwenden, die das Beziehungsverhältnis zwischen dem Vater und seinen Söhnen offen lassen und später die SchülerInnen bildnerisch darstellen lassen, ob und wie die Rückkehr des Sohnes zum Vater verläuft.[56]

Eine weitere Möglichkeit wäre es, die SchülerInnen die, für sie zentralen Stellen, in einem Standbild darstellen zu lassen.

---

[52] Vgl. Bahr, Elementarisierung, S. 505.
[53] Ebd., S. 505.
[54] Vgl. Nipkow, Pädagogik, S. 345.
[55] Vgl. Schweitzer, Elementarisierung - ein religionsdidaktischer Ansatz, S. 26.
[56] Vgl. Riegger, Planung, S. 25.

2.5.a) Elementare Wahrheiten – „Worauf es letztlich ankommt"[57]

Die Dimension der elementaren Wahrheiten fragt nach den Wahrheitsansprüchen, die in den biblischen Zeugnissen und der christlichen Tradition überliefert sind und versucht diese für die Gegenwart der SchülerInnen bedeutsam werden zu lassen.[58] Dabei sollen keine festliegenden Wahrheiten vermittelt werden, sondern es soll über Wahrheiten gesprochen und sich dialogisch mit Wahrheitsansprüchen auseinandergesetzt werden.[59] Die Wahrheiten sollen in „einem gemeinsamen Suchprozeß"[60] erschlossen werden.

Einen Antwortversuch, was solche elementaren Wahrheiten sind, bietet die Würzburger Synode von 1974. Sie unterscheidet zwischen einem anthropologischen, einem kulturgeschichtlichen und einem gesellschaftlichen Zugang. Aus anthropologischer Perspektive bemisst sich die elementare Wahrheit eines Themas danach, wie es den Schülern die Auseinandersetzung mit der Sinnfrage ermöglicht und bei ihrer Selbstwerdung unterstützt. Nach dem kulturgeschichtlichen Kriterium sollen SchülerInnen geistige Überlieferungen und Traditionen kennen lernen, die ihre jetzige kulturelle Situation bestimmen. Nach dem gesellschaftlichen Kriterium sollen die SchülerInnen zu eigenverantwortlichem Handeln und zur kritischen Reflexion gesellschaftlicher Ansprüche befähigt werden.[61]

Des Weiteren ist auf die sechs biblischen Grundbescheide hinzuweisen, die Horst Klaus Berg als „unverzichtbaren Kernbestand der christlichen Botschaft"[62] herausgearbeitet hat. Diese sind, Gott schenkt Leben, Gott stiftet Gemeinschaft, Gott leidet mit und an seinem Volk, Gott befreit die Unterdrückten, Gott gibt seinen Geist und Gott herrscht in Ewigkeit.[63]

2.5.b) Elementare Wahrheiten am Beispiel Lk 15,11-32

Das Gleichnis vom verlorenen Sohne regt zu einer kritischen Reflexion gegenwärtiger gesellschaftlicher Ansprüche an. So werden Sätze wie „jeder bekommt was er verdient" oder „Strafe muss sein" durch die verzeihende Liebe Gottes, außer Kraft gesetzt und die SchülerInnen dazu angeregt, ihr eigenes Gerechtigkeitsempfinden und den Umgang mit Schuld zu überden-

---

[57] Schweitzer, Elementarisierung - ein religionsdidaktischer Ansatz, S. 26.
[58] Vgl. Riegel, Religionsunterricht, S. 98.
[59] Vgl. Schweitzer, Elementarisierung und Kompetenz, S. 30.
[60] Nipkow, Elementarisierung als Kern der Unterrichtsvorbereitung, S. 603.
[61] Vgl. Riegel, Religionsunterricht, S. 100f.
[62] Ebd., S. 102.
[63] Vgl. Berg, Grundriss, S. 79-87.

ken. Dabei wird allerdings die Barmherzigkeit des Vaters, die SchülerInnen eher provozieren, als dass sie sie nachvollziehen können.[64]

Ob sich die SchülerInnen aber den „Vater mit seiner vergebenden […] trotz allen Versagens und aller Unzulänglichkeit zugewandten Liebe als höchste Instanz"[65], oder eher die anhand gesellschaftlicher Normen und Werte wie Leistung und Erfolg ausgerichtete „gnadenlos-objektive Beurteilung"[66] zum Vorbild nehmen, ist nicht planbar.

Außerdem fragt uns die Person des älteren Bruders an, ob wir uns über das Glück anderer freuen können, auch wenn sie es in unseren Augen, gar nicht verdient haben.

Des Weiteren verdeutlicht diese Perikope den von Berg formulierten Grundbescheid „Gott stiftet Gemeinschaft". So wird der jüngere Sohn durch eine gemeinsame Feier wieder in die Gemeinschaft aufgenommen und auch den älteren Sohn bittet der Vater an der Gemeinschaft teilzunehmen.

---

[64] Vgl. Riegger, Planung, S. 25.
[65] Schweitzer, Elementarisierung ein religionsdidaktischer Ansatz, S. 28.
[66] Ebd., S. 28.

3) Zusammenfassung

Elementarisierung als Prinzip der Unterrichtsvorbereitung ist ein religionsdidaktisches Modell, das sich in fünf Dimensionen gliedern lässt. Diese Dimensionen dienen „einer mehrperspektivischen Erschließung des Verhältnisses zwischen den Inhalten und Themen einerseits und den Kindern und Jugendlichen andererseits"[67].

Es besteht erstens, aus den elementaren Strukturen. Hierbei geht es um eine sinnvolle Reduktion und Konzentration des Stundenthemas. Zweitens, den elementaren Erfahrungen, die sich mit der Lebenswelt, also den Lebensmaximen und dem Alltag der SchülerInnen befassen. Drittens, den elementaren Zugängen. Diese nehmen die Verständnis- und Entwicklungsvoraussetzungen der Kinder und Jugendlichen in den Blick, um deren Glauben im Religionsunterricht gerecht zu werden. Viertens, den elementaren Lern- und Lehrformen, die darauf zielen, die Inhalte angemessen zu vermitteln und schließlich fünftens, den elementaren Wahrheiten, die die SchülerInnen dazu anregen sollen, die Wahrheitsansprüche der christlichen Tradition in ihrem eigenen Alltag zu ergründen.

Die vorgestellte Reihenfolge ist allerdings keine, an die man sich zwingend halten muss. Vielmehr muss man bei jeder Dimension auch die anderen Fragerichtungen im Blick haben, da sich alle Dimensionen gegenseitig beeinflussen. Deutlich zu erkennen ist dies bei den elementaren Lehr und Lernformen. So müssen die Methoden sowohl altersentsprechend, als auch der Entwicklung der Schüler angemessen (elementare Zugänge), und nach den Inhalten die man vermitteln will (elementare Strukturen) ausgesucht werden.

Abschließend lässt sich bemerken, dass das Elementarisierungsprinzip zwar die Basis für einen guten Unterricht bildet, guter Unterricht aber noch von zahlreichen anderen Faktoren wie zum Beispiel dem Zeitmanagement, der Lehrerpersönlichkeit und dem Klassenklima abhängt.[68]

---

[67] Ebd., S. 14.
[68] Vgl. Schweitzer, Elementarisierung und Kompetenz S. 20.

4) Literaturverzeichnis

Mattias Bahr, Elementarisierung: Zum Bedingungsgefüge der Planung von Religionsunterricht, in: Religionsdidaktik, Neuausgabe, München 2010, S.501-512.

Horst Klaus Berg, Grundriss der Bibeldidaktik: Konzepte, Modelle, Methoden (Handbuch des Biblischen Unterrichts Band 2), München [u.a.] 1993.

James Fowler, Stufen des Glaubens : die Psychologie der menschlichen Entwicklung und die Suche nach Sinn, Gütersloh 1991.

Georg Hilger, Korrelationsdidaktik, in: Norbert Mette (Hg.), Lexikon der Religionspädagogik-Band 1 [A-K], Neukirchen-Vluyn 2001, Sp.1106-1111.

Karl Ernst Nipkow, Elementarisierung als Kern der Unterrichtsvorbereitung, in: Katechetische Blätter 111 (8/1986), S.600-608.

Karl Ernst Nipkow, Elementarisierung, in: Gottfried Bitter/ Rudolf Englert/ Gabriele Miller/ Karl Ernst Nipkow (Hg.), Neues Handbuch religionspädagogischer Grundbegriffe, München 2002, S.451-456.

Karl Ernst Nipkow, Pädagogik und Religionspädagogik zum neuen Jahrhundert. Band 1. Bildungsverständnis im Umbruch. Religionspädagogik im Lebenslauf. Elementarisierung, Gütersloh 2005.

Joseph Ratzinger, Benedikt XVI, Jesus von Nazareth, erster Teil- von der Taufe im Jordan bis zur Verklärung, Freiburg [u.a.] ^{3}2007.

Ulrich Riegel, Religionsunterricht planen. Ein didaktische- methodischer Leitfaden für die Planung einer Unterrichtsstunde, Stuttgart 2010, S.37-120.

Manfred Riegger, Planung und Gestaltung von Religionsunterricht konkret: Elementarisierung umgesetzt anhand der Gleichniserzählung vom barmherzigen Vater und seinen zwei Söhnen. Für die 3. Und 7. Jahrgangsstufe, Donauwörth 2005.

Friedrich Schweitzer, Elementarisierung – ein religionsdidaktischer Ansatz: Einführende Darstellung, in: Ders. (Hg.), Elementarisierung im Religionsunterricht. Erfahrungen, Perspektiven, Beispiele, Neukirchen- Vluyn 2003, S. 9-30.

Friedrich Schweitzer, Elementarisierung und Kompetenz. Wie Schülerinnen und Schüler von „gutem Religionsunterricht" profitieren, Neukirchen-Vluyn 2008.

Carsten Wippermann (Hg.), Wie ticken Jugendliche? : Sinus-Milieustudie U27 / Bund der Deutschen Katholischen Jugend & Misereor (Hrsg.). [Durchführendes Inst.: Sinus Sociovision GmbH, Heidelberg. Projektleitung Carsten Wippermann], Düsseldorf 2007.

Hans-Georg Ziebertz, Boris Kalbheim, Ulrich Riegel, Religiöse Signaturen heute : ein religionspädagogischer Beitrag zur empirischen Jugendforschung, Gütersloh 2003.

BEI GRIN MACHT SICH IHR WISSEN BEZAHLT

- Wir veröffentlichen Ihre Hausarbeit, Bachelor- und Masterarbeit

- Ihr eigenes eBook und Buch - weltweit in allen wichtigen Shops

- Verdienen Sie an jedem Verkauf

Jetzt bei www.GRIN.com hochladen und kostenlos publizieren